LE TEMPLE
DE
LA GLOIRE,

BALLET,

Qui fera danſé au College

DE LOUIS LE GRAND,

A LA TRAGEDIE

DE JONATHAS
LE MACHABÉE.

Le Mercredy 4. jour d'Aouſt 1723. à midy.

Deſoisy

A PARIS

Chez les Freres BARBOU, ruë Saint Jacques, aux Cigognes.

M. DCC. XXIII.

SUJET ET DIVISION DU BALLET.

LA plûpart des Hommes aspirent à la Gloire. Peu en sçavent le vray chemin ; plusieurs s'en écartent par des fausses routes. A peine en est-il d'assez courageux pour vaincre les difficultez d'une si pénible carriere ; encore moins d'assez heureux pour arriver au but. C'est tout le Plan & le Dessein de ce Ballet, dont l'Ouverture represente les Aspirans au Temple de la Gloire; la premiere Partie, les routes qui y conduisent ; la seconde, les routes qui en écartent ; la troisiéme, les périls qu'il faut essuyer sur la vraye route ; la quatriéme, le bonheur dont on joüit au terme. Le Ballet général propose pour modèles ceux qui sont admis au séjour de la Gloire à ceux qui prétendent y parvenir.

OUVERTURE DU BALLET.

LE Temple de la Gloire s'ouvre, & paroît sur la cime d'un Roc escarpé. La Divinité de cet Auguste Sanctuaire est assise sur un Trône, & environnée des Heros qui se sont les plus signalés par de glorieux Exploits. La Renommée publie à l'Univers leurs Actions mémorables, & annonce l'arrivée de ceux qui prétendent à quelque place en ce Temple. Il se presente trois sortes d'Aspirans ; la Fortune avance traînée dans un Char poussé par les Vents, & suivi d'un nombreux Cortege. Le Caprice, & sa Mere la Phantaisie en équipage bizarre, assiegent les avenuës de ce lieu, & prétendent disposer des places à leur gré. Le Mérite y vient aussi, mais avec un train modeste & peu de suite. Ces trois Compagnies s'en disputent l'entrée ; le Mérite y est seul admis avec ses Partisans ; il s'empare du Vestibule, d'où il exclud le Caprice, la Phantaisie, & la Fortune.

PROLOGUE

QUI SERA CHANTÉ.

LA GLOIRE, LA VERTU, LES ASPIRANS A LA GLOIRE.

LA GLOIRE.

Courés, volés à la Gloire :
C'est le doux charme des grands cœurs.
Les Heros asservis à ses attraits vainqueurs
Immortalisent leur mémoire.
Courés, volés à la Gloire ;
Mortels, qui voulés vivre au-delà du trépas ;
Courés, volés à la Gloire,
Cedés, cedés à ses divins appas.

CHOEUR DES ASPIRANS.

Courons, volons à la Gloire ;
Cedons à ses divins appas.
Qu'il est doux après le trépas
De vivre au Temple de Memoire !
Courons, volons à la Gloire,
Cedons, cedons à ses appas.

LA VERTU.

Après la Gloire, & son brillant séjour,
En vain un cœur soûpire,
S'il n'est soûmis à mon Empire,
S'il ne brûle pour moi d'un pur & tendre amour.
La Vertu seule a le doux avantage
D'éterniser ses Favoris :
Heureux les cœurs de ses beautés épris ;
La Gloire est leur partage.
La Vertu seule a le doux avantage
D'éterniser ses Favoris.

CHOEUR.

Aimons de la Vertu l'heroïque esclavage :
De ses charmes puissans que nos cœurs soient épris ;
Heureux ses Favoris ;
La Gloire est leur partage.

Danse de six Partisans du Mérite.

4

LA GLOIRE.

Loin d'icy les Plaisirs, & l'Amour du Repos ;
Je ne permets à mes Heros
Que le plaisir d'un cœur à ses devoirs fidelle :
Sans vertu, sans exploits point de gloire immortelle.

LA VERTU.

Ce n'est qu'après avoir noblement combattu,
Qu'en ce Temple on reçoit le prix de la Victoire.
Il n'est point de Vertu sans Gloire,
Et point de Gloire sans Vertu.

La Gloire & la Vertu ensemble.

Il n'est point de Vertu sans Gloire,
Et point de Gloire sans Vertu.

UN ASPIRANT.

Quoy ? Déesses, peut-on refuser la Couronne
Aux braves Partisans de Mars ?
Qui la mérite mieux que les Heros des Arts,
Et les Favoris de Bellone ?

LA VERTU.

Bellone & Mars ont des Lauriers
Pour leurs Guerriers.
Phœbus de ses Amis en couronne la tête :
Mais sans moi la moindre tempête
Les fait sécher ou se flétrir ;
Une pareille Gloire est une fleur champêtre,
Que le matin voit naître,
Que le soir voit mourir.
Les Lauriers seuls que je presente
Produisent d'éternelles fleurs ;
C'est le prix des Heros, dont la vertu constante
Triomphe de leurs propres cœurs.

CHOEUR.

Remportons sur nos cœurs une illustre Victoire ;
Triomphons du vice abbatu.
Marchons, marchons au Temple de la Gloire
Par le chemin de la Vertu.
Sarabande de quelques Aspirans.

5

UN ASPIRANT,

Ma vertu favorite est la valeur Guerriere.

LA VERTU,

La valeur n'est souvent que fureur meurtriere.

UN ASPIRANT.

N'est-il pas glorieux d'enchaîner l'Univers,
Et d'être craint partout à l'égal du Tonnerre?

LA VERTU.

Combien de Conquerans ont mérité les Fers
Qu'ils ont fait porter à la Terre;

UN ASPIRANT.

Cet Art mit Alexandre au rang des Demi-Dieux.

LA GLOIRE.

J'exclus de mes Autels un jeune Ambitieux,
Dont les Lauriers sanglans sont arrosés de larmes.
J'abhorre un éclat odieux,
Qu'accompagnent l'effroy, l'horreur, & les allarmes.
Ah! combien plus cher à mes yeux
Doit être un jeune Roy, qui loin du bruit des armes,
Regne sur tous les cœurs par ses aimables charmes,
Et fait goûter au monde un calme précieux!

LA VERTU.

Si de nos jours la bruyante Trompette
Se fait entendre quelquefois
Ce n'est que pour se joindre à la tendre Musette,
Et pour chanter avec nos voix
La gloire & les vertus du plus chéri des Rois.

CHOEUR.

Mêlés, mêlés vos sons éclattante Trompette
Aux paisibles accords de la tendre Musette;
Pour célébrer avec nos voix
La gloire & les vertus du plus chéri des Rois.

ACTEURS CHANTANS.

LA GLOIRE, M***
LA VERTU, M***
I. ASPIRANT, M***.

ACTEURS DANSANS.

LA FORTUNE, M. le Maire.
SUIVANTS DE LA FORTUNE, MM. de Livry. Mercier, le Noir, Pepoli, de Sourdis, de Becdeliévre *l'aîné*, d'Auberville, de Rochechouart *l'aîné*, Villault, de Barmond *le cadet*, de Bonrepos, de Rochechouart *le cadet*, de la Roche, Moufle, de Soify, Dolgorouki.....Malter, Chartier, Cordé, Jouan, de la Cherpenterie.
LE CAPRICE, M. d'Arblincourt.
LA PHANTAISIE, M. Gervais.
SUIVANTS DU CAPRICE ET DE LA PHANTAISIE, MM. de Barmond *l'aîné*, Lallemant, de Moran, de Champtemont, de Verville, de Granpré, Philibert *l'aîné*, Philibert *le cadet*, Riccoboni, Famin, de Saint-Aignan, de Becdeliévre *le cadet*, Licvrel, de la Fayette, Dom Fernand de Figueroa, de Fortiffon, de Molac, Javilliers.
LE MERITE, M. Mion *l'aîné*.
PARTISANS DU MERITE, MM. Decan, de la Motte, Geraut, Savart, Boucher, Quinson, Mion *le cadet*, du Mouffeau, Roque, Roufleau, du Pré, Allain, le Maire, Malbrancq, Orlandi, le Voir.

Dansera seul, M. Lallemant.
Danseront ensemble, MM. de Verville & de Granpré.
Dansera seul, M. d'Aubuffon.
Dansera seul, M. du Mouffeau.
Danseront ensemble, MM. Roque & Quinson.

Chacone des Partisans du Mérite.

PREMIERE PARTIE.

Routes qui conduifent au Temple de la Gloire.

1. *Heroïfme des Vertus.*
2. *Génie rare & fingulier pour les beaux Arts.*
3. *Et fur tout pour le grand Art de bien gouverner, & de rendre des Peuples heureux.*
4. *Continuité de travaux & d'exploits.*

I. ENTRÉE.

LE celebre Caftriot fi connu fous le nom de Scanderberg, Roi d'Albanie, marche à grands pas vers le Temple de la Gloire, où le conduifent la Valeur, la Modération, la Probité, la Prudence, la Juftice, l'Amour de la Patrie, & les autres Vertus Royales, Guerrieres, Politiques, Civiles & Privées. Elles font plier devant luy deux fiers Sultans, & luy dreffent un Trophée des Armes dont il les a dépoüillés. La Conftance lui met une Couronne fur la tête, & la Pieté une Palme en main. *Heroïfme des Vertus.*

SCANDERBERG, M. de Grandpré.
VERTUS, MM. de la Tremoille, Mercier, le Noir, Pepoli, de Sourdis, de Becdelievre *l'aîné*, d'Auberville, de Rochechouart *l'aîné*, d'Arblincourt, Gervais.
SULTANS, MM. Geraut, du Mouffeau.
Danfera feul, M. de Becdelievre *le cadet*.
Danferent enfemble. MM. de Bonrepós, Rochart.

II. ENTRÉE.

La Scene reprefente le Jardin d'Academus, Berceau des plus célébres Academies, où les plus excellens Maîtres dans les Arts, travaillent fous les ordres des Génies, de l'Eloquence, de la Poëfie, de la Peinture, de la Sculpture, &c. & tâchent à l'envi d'éternifer leur nom, en éternifant la gloire des Heros. *Génie rare & fingulier pour les beaux Arts.*

CHEF DES GENIES, M. de Soify.
GENIES DES ARTS, MM. Roque, Quinfon, Rouffeau, Boucher.
Danfera feul, M. d'Olgorouki.
ARBRES, MM. de Soify, Moufle, de Barmond *le cadet*, Malter, Dom Fernand de Figueroa, de Rochechouart *le cadet*, Chartier, de Barmond *l'aîné*, de Bonrepos, Rochart de Molac, Lallemaut, de Saint-Aignan, de Becdelievre *le cadet*, Cordé, Villaut.
ORATEUR, M. Riccoboni.
POETE, M. Mion *le cadet*.
PEINTRES, MM. Famin, d'Arblincourt.
SCULPTEURS, MM. de Moran, Philibert *l'aîné*.
STATUES, MM. de Verville, de Champremont.

III. ENTRE'E.

<table>
<tr><td>Et fur tout
pour le
grand Art
de bien gou-
verner, &
de rendre
des Peuples
heureux.</td><td>Le jeune Telemaque étant monté fur le Trône d'Ulyffe ; après quelques années d'avantures & de périls, continuë à prendre les confeils du fage Mentor, qui a conduit fon Vaiffeau à bon port ; & dirigé par la Sageffe, s'applique tout entier au gouvernemeut de fes Peuples, qui font une Fête pour celebrer fa gloire & leur bonheur.</td></tr>
</table>

TELEMAQUE, M. de Sourdis.
Danferont enfemble, MM. Boucher, Rouffeau.
Darfera feul, M. Moufle.
NOBLESSE D'ITAQUE, MM. de Rochechouart *le cadet*, Dom Fernand de Figueroa, Malter, de Becdelievre *le cadet*, de Saint-Aignan, de la Fayette, de la Roche, de Molac.
DE'PUTEZ DES VILLES D'ITAQUE. MM. de Livry, de Moran, Famin, de Verville, de Champremout, Philibert *l'aîné*, Gervais, de Barmond *l'aîné*, Philibert *le cadet*.
Danfera feul, M. Quinfon.
MENTOR, M. Roque.
Danferont enfemble, MM. de Fortiffon, Dom Fernand de Figueroa.

IV. ENTRE'E.

<table>
<tr><td>Continuité
de travaux
& d'ex-
ploits.</td><td>Le grand Alcide, bien loin de fe repofer après fes douze fameux travaux, fe met à la tête des jeunes Argonautes, fe difpofe avec eux à de nouveaux Exploits, & les forme tout à la fois au métier de la Guerre & de la Navigation, fous les aufpices de Mars & de Neptune.</td></tr>
</table>

PILOTES, MM de la Tremoille, Savart.
NEPTUNE, M. Moran.
MATELOTS, MM. Orlandi, le Maire, Geraut, du Mouffeau, du Pré, Savart.
MARS, MM. de Champremont.
Danferont enfemble, M. le Noir, & d'Arblincourt.
ALCIDE, M. de Verville.
ARGONAUTES GUERRIERS, MM. le Noir, d'Arblincourt, Pepoli, de Granpré, Riccoboni, Mion *le cadet*, de Sourdis, de Becdelievre *l'aîné*, de Rochechouart *l'aîné*, d'Auberville, de la Tremoille, de Livri.
ARGONAUTES RAMEURS, MM. de Bonrepos, Rochart, de Soify, Moufle, de Barmond *l'aîné*, Dolgo-ouxi, Villaut, Mercier, de la Fayette, de la Roche, de Fortiffon, de Barmond *le cadet*.

II. PARTIE.

Routes qui écartent du Temple de la Gloire.

1. Ambition injuste & demesurée.
2. Point d'honneur mal entendu.
3. Génie mal employé.
4. Amour du repos & du plaisir.

I. ENTRE'E.

LES Ombres d'Alexandre & de Cesar indignées de se voir con-
fonduës avec la multitude, raniment leurs corps; & l'une suivie
d'Ombres Macedoniennes, l'autre d'Ombres Romaines viennent ensemble assaillir le Temple de la Gloire, qu'elles veulent emporter
d'emblée; mais la Déesse fait écarter ces Conquerans ambitieux ; le
premier, parce que ses conquêtes sans bornes ont été pernicieuses à
l'Univers, l'autre ; parce que ses victoires injustes ont été funestes à
sa Patrie. *Ambition injuste & demesurée.*

CESAR, M. Champremont.
ALEXANDRE, M. Pepoli.
Accompagneront les MAUSOLE'ES, MM. Villaut, de Sipierre, Dolgorouki, de Barmond *le cadet*, de
Soisy, Mousle, de Bonrepos, Rochart.
ROMAINS, MM. de Verville, de Granpré, d'Arblinçourt, Philibert *le cadet*, Mion *le cadet*,
Riccoboni, de Sourdis, de Moran.
MACEDONIENS, MM. Philibert *l'aîné*, d'Auberville, Gervais, Famin, de Rochechouart
l'aîné, de Becdelievre *l'aîné*, le Noir, de la Tremoille.
Dansera seul, M. de la Motte.
Danseront ensemble, MM. de Becdelievre *le cadet*, de Rochechouart *le cadet*.
Dansera seul, M. Philibert *l'aîné*.
GARDES DU TEMPLE DE LA GLOIRE, MM. Geraut, du Mousseau, le Voir, Orlandi, Bourdon,
le Roy, Cordé, Beseau.
ARCHERS DE LA DE'ESSE, MM. de Molac, de la Roche, de la Fayette, de Becdelievre *le cadet*,
Dom Fernand de Figueroa, de Saint Aignan, de Fortisson, de Rochechouart *le cadet*, Chartier, Mal-
ter, Lallemand, de Barmond *l'aîné*.

II. ENTRE'E.

Deux Furies déguisées sous le masque de l'Honneur, commettent
ensemble deux jeunes Romains, qui se battent en duël à Utique.
Caton les condamne au métier de vils Gladiateurs, comme de faux
Braves, qui ne s'exposent à la mort, qu'aux dépens du devoir, & que
par crainte de la raillerie. Les Furies joüent à leur tour la sagesse de
Caton, qu'elles engagent à se poignarder luy-même par un principe *Point d'honneur mal entendu.*

B

d'honneur infensé. L'Honneur demafque les Furies ; & leur livre Caton, pour le punir de fa prétenduë bravoure, comme d'une folle lâcheté qui luy fait plus redouter fa mauvaife fortune, & la prefence de Cefar, que le coup de la mort.

FURIES DEGUISE'ES, MM. Quinfon , Rocque au Roy.
DUELLISTES , MM. le Maite , du Mouffeau.
GLADIATEURS , MM. Boucher , Rouffeau.
CATON , M. Famin.
L'HONNEUR , M de Becdelievre *l'aîné.*
FURIES DE'MASQUE'ES , MM. Quinfon , Roque.

III. ENTRE'E

Génie mal employé.

Quelques Auteurs de Libelles, & d'autres ouvrages de ténebres, conduits par des Efprits Follets, fe font une forte gloire de leurs belles productions d'efprit, qu'ils donnent à debiter à leurs Colporteurs. Ils prennent leur route vers le Parnaffe ; ils prétendent fe ceindre le front du Laurier qu'Apollon deftine à fes Favoris ; mais au lieu de Laurier, on leur offre du Chardon. Vulcain qui fe rencontre fur leur route, faifit leurs Ecrits de contrebande ; il fe réjouit avec fes Cyclopes d'a-voir trouvé de quoy allumer fon feu.

ESPRITS FOLLETS, MM. Villaut, de Sipierre, de Barmond *le cadet*, Moufle, de Soify, Dolgo-rouki, de Bontepos, Rochart.
AUTEURS, MM. le Noir, de Becdeliévre *l'aîné*, de Granpré, Pepoli.
Prefenteront le Caffé aux Auteurs , MM. Champremont, de la Cherpentrie.
COLPORTEURS , MM. de Meran, Philibert *l'aîné.*
VULCAIN , M. le Foy.
CYCLOPES , MM. Javilliers, Jouan, Malter , Gordé.
APOLLON , M. de Livry.
Danferont enfemble . MM. Pepoli, Savart, du Mouffeau.

IV. ENTRE'E.

Amour du repos & du plaifir.

Les Sybarites , Peuple oifif & voluptueux , ne s'occupent que de vains fpectacles, propres à entretenir l'oifiveté, & à éteindre l'amour de la Gloire. Ils forment une efpece de Mafcarade , où ils fe déguifent en divers Perfonnages grotefques , & où préfident l'Indolence & la Volupté, qu'ils reconnoiffent pour feules Divinitez.

Chefs des SYBARITES , M. de Rochechouart *l'aîné* , de Livry.
SYBARITES , MM. Gervais, d'Auberville, de la Roche, Liévrel, de Saint-Aignan, de Becdelié-vre *le cadet*, Philibert *le cadet*, d'Arblincourt, de Verville, Famin , de Rochechouart *le cadet* ; de la Fayette, de Forriffon, de Molac, Lallemand, dé Barmond *l'aîné.*
Danfera feul , Dom Fernand de Figueroa.
Danferont enfemble , MM Villaut, Mercier.
Danfera feul, M. Riccoboni.
Perfonnages grotefques pour la Mafcarade , MM. Rocque, Boucher, Allain , Savart, du Mouffeau, Quinfon, Rouffeau, Mion *le cadet* , Orlandi, Duprey, Chartier, Bourdon, Geraut.
ESPAGNOLS , MM. Mion *l'aîné* , Decan, le Maite.
SALTINBANQUES , * * *

III. PARTIE.

Périls à furmonter dans la Carriere de la Gloire.

1. *Outrages de la Fortune.*
2. *Efforts de l'Envie.*
3. *Affauts de la Vanité.*
4. *Atteintes d'un feul foible honteux.*

I. ENTRE'E.

BELLEROPHON foûtient en brave les rudes coups que luy porté *Outrages de* la Fortune, dont les infultes donnent un nouveau luftre à fa gloire. *la Fortune.* Les Vertus, Compagnes de ce Prince, triomphent des revers de cette aveugle Déeffe, qui fe voit enfin contrainte de fe reconcilier avec luy, & d'applaudir au merite de fon Vainqueur.

LA FORTUNE, M. de Rochechouart *l'aîné.*
REVERS, MM de la Tremoille, de Livry, Pepoli, de Champremont, de Becdeliévre *l'aîné,* le Noir, de Sourdis, d'Arblincourt.
Danfera feul, M. Décan.
VERTUS *Compagnes de Bellerophon,* MM. Javilliers, Villaut, de Soify, Dolgorouki, Moufle, de Barmond *le cadet,* de Bonrepos, Joüan.
BELLEROPHON, M d'Auberville.
Danferont enfemble, MM. de Soify, de Molac.
Danfera feul, M. Villaut.

II. ENTRE'E.

Ariftide, General Athenien, après avoir courageufement fouffert l'exil *Efforts de* que luy ont procuré les intrigues de fes Envieux, revient triomphant *l'Envie.* dans fa Patrie, qu'il a préfervée d'une ruine prochaine, par la défaite de deux Armées ennemies, dont il amene les Chefs enchaînés. Les Concurrens & les Rivaux de fa gloire font obligés par un Decret du Senat de le porter eux-mêmes en triomphe, & de luy faire cortege jufqu'au Temple de Pallas.

ARISTIDE. M Pepoli.
Danferont enfemble, MM. de Barmond *l'aîné & le cadet.*
Danfera feul, M. Mercier.
CAPTIFS, MM de Verville, de Graudpré, de Moran, Riccoboni.
CHEF DES RIVAUX, M. Quinfon.
RIVAUX, MM. Philibert *l'aîné & le cadet,* Famin, Gervais, de Molac, de Rochechouart *le cadet,* Dom Fernand de Figueroa, de Fortiffon, de la Fayette, de Becdeliévre *le cadet,* Liévrel, Cordé, de la Roche, de Saint-Aignan, Javilliers, Villaut, de Soify, Dolgorouki, de Bonrepos, Joüan, Moufle, de Barmond *le cadet,* de Barmond *l'aîné,* Lallemant, le Noir, de Becdeliévre *l'aîné,* de Champremont, d'Auberville.

III. ENTRE'E.

Affauts de
la Vanité. * Plusieurs jeunes Seigneurs viennent de la part d'Alexandre presenter le Sceptre & le Diadême à Abdolonime, qui cultive un jardin
avec d'autresOuvriers dans lesFauxbourgs de Sidon. Le nouveau Roy,
bien loin de se laisser éblouir par l'éclat de la dignité Royale, n'en
paroît que plus modeste, & s'acquiert par cette modestie une gloire
que le faste & la vanité luy eussent fait perdre.

JARDINIERS, MM. Dupré, du Mousseau, Mion *le cadet*, Moran, Milbrancq, le Voir.
SEIGNEURS, MM. Rocque-Au-Roy, Quinson, Boucher, Rousseau, la Motte, le Maire.
ABDOLONYME, M. de Dessus-le-Moutier.
Danseront ensemble, MM. de Sourdis, Riccoboni.
Dansera seul, M. d'Arblincourt.

IV. ENTRE'E.

*Atteintes
d'un seul
foible hon-
teux.* Pendant que Hercule se livre aux séduisantes amorces d'une flat-
teuse rêverie, dont le berce Morphée avec sa troupe, la massuë luy
tombe des mains. Il est surpris à son reveil de se voir, au lieu de massuë, la quenoüille d'Omphale, qui l'engage à filer par complaisance.
Les Ris & les Satyres sortent d'un bocage voisin, & tournent en déri-
sion la foiblesse du Heros amolli, qui comme le dit un Auteur Espa-
gnol, *Paroissant le fuseau à la main, devient luy-même la Parque de son
immortalité.*

HERCULE, M. le Noir.
COMPAGNONS D'HERCULE, MM. de Livry, Mousle.
MORPHE'E, M. de Saint-Aignan.
Troupe de MORPHE'E, MM. Javilliers, Villaut, de Bonrepos, de Livry, Mousle, de Barmond *le
cadet*, de Soisy, Dolgorouki, Rochart.
Dansera seul, M. de Bonrepos.
PHANTOSMES à *la suite de* MORPHE'E, MM ...
OMPHALE, M. Savart.
Suivants D'OMPHALE, MM. de Saint-Aignan, de Becdelievre *le cadet*, de Molac, Dom Fer-
nand de Figueroa, de la Fayette, Lievrel, Cordé, de Fortisson.
Dansera seul, M. de la Fayette.
Danseront ensemble, MM. Javilliers, Joüan.
CHEF *des Satyres*, M. de la Tremoille.
SATYRES, MM. de Verville, de Grandpré, de Sourdis, d'Arblincourt, Gervais, Philibert
le cadet. Philibert *l'ainé*, la Cherpenterie, de Moran, Riccoboni, de Rochechouart *l'ainé*, Famin.
AGLAE', *premiere Grace, Reine des Ris*, M. Mion *l'ainé*.
RIS, MM. de Soisy, Dolgorouki, Rochart, Villaut, de Barmond *l'ainé*, Lallemand, deBonrepos,
de Rochechoüart *le cadet*, Mousle, de la Roche, Malter, de Barmond *le cadet*.
Mocqueur plaisant, M. Quinson.

IV. PARTIE.

Avantages qu'on possede au séjour de la Gloire.

1. *Réputation éclatante.*
2. *Admiration générale.*
3. *Memoire transmise aux siecles futurs.*
4. *Immortalité.*

I. ENTRE'E.

LE Dictateur Cincinnatus comblé de gloire a beau se retirer à *Réputation éclatante.* sa petite campagne, pour cultiver la terre avec ses Fermiers, & se dérober aux acclamations publiques ; sa grande vertu se produit malgré luy au grand jour, & l'éclat qu'elle répand engage le Senat à luy presenter les Faisceaux & les Aigles Romaines.

CINCINNATUS, M. Chartier.
FERMIERS, MM. le Noir, d'Arblincourt, de Moran, de Champremont, Villaut, Rochart, de Barmond le cadet, Malter.
Dansera seul, M. de Barmond *l'aîné.*
Danseront ensemble, MM. de Rochechouart *le cadet*, de Becdelievre le *cadet*.
Dansera seul, M. de la Roche . . .
PORTENSEIGNES, MM. Ricceboni, Pepoli.
PORTES-FAISCEAUX, MM. Famin, Gervais.
SEIGNEURS ROMAINS MM. de Rochechouart *l'aîné*, d'Auberville, de Yerville, de Grandpré, Lallemand, de Barmond *l'aîné*, de Molac, de Rochechoart *le cadet*.

II. ENTRE'E.

Les Peuples de l'Empire d'Occident qui avoient eu Charlemagne *Admiration générale.* pour Empereur, ceux de l'Empire d'Orient, qui l'avoient souhaité & demandé pour Maître, conspirent à luy donner le nom de Grand après sa mort, & témoignent leur admiration pour ses vertus, & par des Médailles, & des Inscriptions faites en son honneur.

Dansera seul, M. de Fortisson.
Danseront ensemble, MM Pepoli, le Maire.
PORTES-MÉDAILLES, MM. de la Tremoille, de Livry ; de Sourdis, de Becdelievre *l'aîné*, de Soisy, Mousle. Mion, le *cad*.
Dansera seul, M. de Rochechouart *le cadet*.
PEUPLÉS D'OCCIDENT, MM. d'Auberville, de Rochechouart *l'aîné*, Philibert *l'aîné* & le *cadet*, de Yerville, de Grandpré, Gervais, Famin, de Barmond *l'aîné*, de la Touche, de la Roche, Lievrel.
Dansera seul, M. Mion le cadet.
Danseront ensemble, MM. Mion *l'aîné*, Decan, la Mothe.
PEUPLES D'ORIENT, MM. de Bonrepos, Dolgorouki, de Saint-Aignan, de la Fayette, Dom Fernand de Figueroa, Cordé, de Molac, de Rochechouart *le cadet*, de Fortisson, de Becdelievre le cadet, Javilliers, Joüan.

III. ENTRE'E.

La Déesse Mnémosine fait ériger par ses ouvriers une Statuë Eques- *Memoire transmise aux siecles futurs.* tre & des Arcs de Triomphe, à la gloire de Scipion Nasica, qui passa pour le plus vertueux homme de son siecle, & qui pendant toute sa vie fut aussi constant à refuser ces Monumens glorieux & durables, qu'attentif à les meriter.

Dansera seul, M. de Molac.
ERIGERONT LA STATUE, MM. de la Tremoille, de Livry, Villaut, Rochard, de Soisy, Mousle, de Bonrepos, Dolgorouki.
ERIGERONT LES ARCS DE TRIOMPHE, MM. d'Auberville, de Rochechouart *l'aîné*, le Noir, d'Arblincourt, de Moran, de Champremont, Famin, Philibert *l'aîné*, de Verville, de Granpré, de Barmond *l'aîné*, Lallemant, Mion *le cadet*, Pepoli, de Sourdis, de Becdelievre *l'aîné* . . . . .
De la Roche, de Becdelievre *le cadet*, de la Fayette, de Saint-Aignan, Dom Fernand de Figueroa, de Fortisson, Jouan, Javilliers.
Dansera seul, M. Gervais.
Danseront ensemble, MM. de Saint-Aignan, Dolgorouki.
Dansera seul, M. Lievrel . . . . .

IV. ENTRE'E.

Immortalité.

L'ancienne Rome ne se borne pas à dresser en faveur de ses Heros des Monumens sujets à l'outrage des siecles, elle leur en consacre qui les éternisent & les divinisent en quelque sorte. Elle fait l'Apothéose des grands Hommes qui l'ont illustrée par leurs vertus, & institué des sacrifices & des Fêtes, où elle revere leur immortalité glorieuse.

Dansera seul, M. de Barmond *le cadet*.
Danseront ensemble, MM. d'Auberville, Mion *le cadet*.
Dansera seul, M. Philibert *le cadet*.
SACRIFICATEURS, MM. de la Motte, le Maire, Savart, du Mousseau.
Dansera seul, M. Javilliers.
Danseront ensemble, MM. de la Tremoille, Mercier, Villaut.
Dansera seul, M. Rochart.
CHEFS DES ADORATEURS, MM. Philibert *le cadet*, Barmond *le cadet*.
ADORATEURS, MM. de Sourdis, de Becdelievre *l'aîné*, le Noir, Pepoli, d'Auberville, de Rochechouart *l'aîné*, Famin, de Moran, de Grandpré, de Soisy, de la Touche . . . . de Bonrepos, Rochart, Mousle, Dolgorouki, de la Roche, Lievrel, de Saint-Aignan, de Becdelievre *le cadet*, Dom Fernand de Figueroa, de la Fayette, de Rochechouart *le cadet*, de Fortisson.

👑👑👑👑👑👑👑👑👑👑👑👑👑👑👑👑👑👑👑👑👑👑👑👑👑👑👑👑👑👑👑👑👑👑

BALLET GENERAL.

L'EMULATION, Mere des Vertus, amene avec elle ses Eleves de diverses Nations, leur fait rendre hommage aux grandes Ames que la gloire a placées en son Temple, & les leur propose pour modeles; la disposition des places rangées par degrés, marque la difference des merites. On y voit briller des Heros Grecs & Romains; mais sur tout des Heros François, qui y tiennent les premiers rangs. Le Genie de la France leur fait voir le portrait de son jeune Roy. Ses augustes Prédecesseurs le regardent tous avec complaisance, & de concert lui assignent la place que ce Monarque occupera un jour après une longue suite d'années & d'actions glorieuses.

L'EMULATION, M. Mion *l'aîné*.
LE GENIE DE LA FRANCE, M. de la Touche.
PEUPLES DE DIFFERENTES NATIONS, les mêmes qui ont dansé dans l'Ouverture.
Danseront seuls, MM. Dupré, Allain, Jouan.
Danseront ensemble, MM. de Fortisson, de la Fayette.

DANSERONT AU BALLET.

CHARLES-ARMAND DE LA TREMOILLE,   *de Paris.*

ETIENNE-PIERRE LE NOIR,   *de Paris.*

ALEXANDRE JEAN FRANÇOIS ASSELIN DE VILLEQUIER

  D'AUBERVILLE,   *de Roüen.*

ANGE-FRANCOIS DE BARMOND,   *de Paris.*

FRANÇOIS RICCOBONI,   *de Mantoüe.*

JACQUES-PHILIPPES DE BARMOND,   *de Paris.*

JACQUES FAMIN,   *de Paris.*

JEAN LA LIVE D'ARBLINCOURT,   *de Paris.*

JEROME DE LA BARONNIE DE SOISY,   *de Paris.*

JOSEPH LA LIVE DE CHAMPREMONT,   *de Paris.*

LOUIS-CLAUDE DE VERVILLE,   *de Dourlens.*

PIERRE L'ALLEMAND,   *de Paris.*

ALEXANDRE DE SOURDIS DE CHABANOIS,   *de Paris.*

FRANCOIS-GUILLAUME VILLAUT,   *de Paris.*

HILARION-FRANCOIS DE BEC-DE-LIEVRE,   *de Nantes.*

JEAN-GABRIEL RICQUET DE BONREPOS,   *de Toulouze.*

LOUIS DE ROCHECHOUART DE MORTEMART, *de Paris.*

LOUIS PEPOLI,   *de Bologne.*

LOUIS LE VASSOR DE LA TOUCHE,   *de la Martinique.*

RENE' GRANDPRE' DE BEAUREGARD,   *de l'Amerique.*

LOUIS-ANTOINE GERVAIS DE S. LAURENS,   *de Lyon,*

CHARLES LIEVREL,   *de Paris.*

ANTOINE PERRIN DE SIPIERRE.   *du Dauphiné.*

MELCHIOR PHILIBERT ;   *de Lyon.*
PAUL SANGUIN DE LIVRY ;   *de Versailles.*
THOMAS-CHARLES-MARIE DE MORAN ;   *de Rennes.*
BARTHELEMY MOUFLE DE GEORVILLE,   *de Paris.*
CHARLES-REMY ROCHART,   *de Paris.*
JACQUES DOLGOROUKI,   *de Moscou.*
HILARION DE BEC-DE-LIEVRE ;   *de Nantes.*
JEAN-CLAUDE-ALPHONSE DE LA ROCHE ;   *de Madrid.*
LOUIS PHILIBERT DE LAREVOLANCHE ,   *de Lyon.*
PAUL-FRANCOIS DE BAUVILLIERS DE S. AIGNAN, *de Paris*
ANDRE'-JOSEPH D'AUBUSSON DE SAINT PAUL , *de Perigord*
JEAN-BAPTISTE-VICTOR DE ROCHECHOUART DE
   MORTEMART,   *de Paris.*
LOUIS-AUGUSTE DE FORTISSON,   *de Paris.*
RENE'ALEXIS LE SENECHAL DE CARCADO MOLAC,
                                                                    de Bretagne.
DOM GAETAN DE FIGUEROA DE SURCO ;   *de Madrid.*
JACQUES DE LA FAYETTE,   *d'Auvergne.*

Les Danses sont de la composition de M. FROMENT.

www.ingramcontent.com/pod-product-compliance
Ingram Content Group UK Ltd.
Pitfield, Milton Keynes, MK11 3LW, UK
UKHW020206080726
13614UKWH00006B/2648